Großdruck-Blumenkalender

Das Geschenk der Freude

2024

FATZER

Januar

So	Mo	Di	Mi	Do	Fr	Sa
	1	2	3	4	5	6
7	8	9	10	11	12	13
14	15	16	17	18	19	20
21	22	23	24	25	26	27
28	29	30	31			

Gepriesen sei der HERR! Tag für Tag
trägt er unsere Last! *Psalm 68,20*

Februar

So	Mo	Di	Mi	Do	Fr	Sa
				1	2	3
4	5	6	7	8	9	10
11	12	13	14	15	16	17
18	19	20	21	22	23	24
25	26	27	28	29		

Deine Worte haben mich mit Glück und Freude erfüllt, allmächtiger Gott. Jeremia 15,16

März

So	Mo	Di	Mi	Do	Fr	Sa
					1	2
3	4	5	6	7	8	9
10	11	12	13	14	15	16
17	18	19	20	21	22	23
24	25	26	27	28	**29**	30
31						

Ich juble vor Freude, weil du mich liebst.

Psalm 31,8

April

So	Mo	Di	Mi	Do	Fr	Sa
	1	2	3	4	5	6
7	8	9	10	11	12	13
14	15	16	17	18	19	20
21	22	23	24	25	26	27
28	29	30				

Die Güte des HERRN ist alle Morgen neu.

Klagelieder 3,23

Mai

So	Mo	Di	Mi	Do	Fr	Sa
			1	2	3	4
5	6	7	8	**9**	10	11
12	13	14	15	16	17	18
19	**20**	21	22	23	24	25
26	27	28	29	30	31	

Dein Reich ist ein Reich aller Zeiten.
Gott ist gnädig in allem, was er tut. Psalm 145,13

Juni

So	Mo	Di	Mi	Do	Fr	Sa
						1
2	3	4	5	6	7	8
9	10	11	12	13	14	15
16	17	18	19	20	21	22
23	24	25	26	27	28	29
30						

Freut euch, dass eure Namen im Himmel geschrieben sind. *Lukas 10,20*

Juli

So	Mo	Di	Mi	Do	Fr	Sa
	1	2	3	4	5	6
7	8	9	10	11	12	13
14	15	16	17	18	19	20
21	22	23	24	25	26	27
28	29	30	31			

Du hast mir die Wege des Lebens gezeigt; du wirst mich mit Freude erfüllen! *Apostelgeschichte 2,28*

August

So	Mo	Di	Mi	Do	Fr	Sa
				1	2	3
4	5	6	7	8	9	10
11	12	13	14	15	16	17
18	19	20	21	22	23	24
25	26	27	28	29	30	31

Mein Herz freut sich, dass du so gerne hilfst.

Psalm 13,6

September

So	Mo	Di	Mi	Do	Fr	Sa
1	2	3	4	5	6	7
8	9	10	11	12	13	14
15	16	17	18	19	20	21
22	23	24	25	26	27	28
29	30					

Christus ist unser Friede.

Epheser 2,14

Oktober

So	Mo	Di	Mi	Do	Fr	Sa
		1	2	**3**	4	5
6	7	8	9	10	11	12
13	14	15	16	17	18	19
20	21	22	23	24	25	26
27	28	29	30	31		

Wer zu dem HERRN aufschaut,
der strahlt vor Freude. Psalm 34,6

November

So	Mo	Di	Mi	Do	Fr	Sa
					1	2
3	4	5	6	7	8	9
10	11	12	13	14	15	16
17	18	19	20	21	22	23
24	25	26	27	28	29	30

Ich darf dir immer nahe sein, das ist
mein ganzes Glück! Psalm 73,28

Dezember

So	Mo	Di	Mi	Do	Fr	Sa
1	2	3	4	5	6	7
8	9	10	11	12	13	14
15	16	17	18	19	20	21
22	23	24	**25**	**26**	27	28
29	30	31				

Der HERR wird dir zum ewigen Licht werden, und dein Gott zu deinem Glanz. Jesaja 60,19